AF597595

leben

taoleben

tao te king von laotse

interpretiert von
Ingrid Weber und Stephan Schwartz

1. Auflage 2017

Autor: Ingrid Weber, Stephan Schwartz, Laotse
Printed in Germany

Verlag: tao.de in J. Kamphausen Mediengruppe GmbH,
Bielefeld, www.tao.de, eMail: info@tao.de

Bibliografische Information der Deutschen Nationalbibliothek: Die Deutsche Nationalbibliothek verzeichnet diese Publikation in der Deutschen Nationalbibliografie; detaillierte bibliografische Daten sind im Internet über http://dnb.d-nb.de abrufbar.

ISBN Paperback: 978-3-96051-850-1
ISBN Hardcover: 978-3-96051-820-4
ISBN e-Book: 978-3-96051-821-1

wo das tiefe am tiefsten tief in der tiefe tieft

1

tao in worte gefasst
ist nicht tao

jedes kind bekommt einen namen
um über es zu sprechen

sprache und denken sind begrenzt
tao ist unbegrenzt
weder alles noch nichts
ewig allumfassend

jenseits aller worte
anfang allen gebärens

alles entspringt derselben
unergründlichen quelle

wo das tiefe am tiefsten tief in der tiefe tieft

2

bewerte ich etwas als gut
ist anderes schlecht
bewerte ich etwas als schön
ist anderes hässlich

sein oder nicht sein
richtig oder falsch
arm oder reich
dick oder dünn
jedes verbirgt seinen gegenpol

ich lege keinen wert auf wertung
lasse situationen kommen und gehen
handle
denke nicht an erfolg oder misserfolg

ist mein werk getan
vergesse ich es

3

anhaften an besitz und erfolg
schafft abhängigkeit
innere leere
ängste entstehen

neidische blicke
auf besitz und erfolg anderer
schafft misstrauen
groll
stärkt begehren

besitz und erfolg sind nicht verkehrt
gebe ich ihnen keinen wert

ist mein geist entleert
meine mitte gestärkt
vertraue meinem potential
fließ ich mit tao allemal

4

tao
quelle
unerschöpflich
leer
angefüllt
unendliche möglichkeiten
klar
durchlässig
unsichtbar ohne form
ausgleichend
wirkt in allem

niemand weiß was tao erschuf
tao ist immer da

5

tao
ohne gefühl

mensch und ding
sind tao egal

weder gut noch schlecht
kommt hier zu seinem recht

ich bin leer
frei von urteil
ohne geschichte

raum für die kraft
die meine natur erschafft

6

tao
große mutter
urweiblich
passiv empfangend
in sich ruhend
gebiert unendliche welten

ewig während
allgegenwärtig
im wirken mühelos

7

tao
nie geboren
nie gestorben

ohne eigeninteressen
steht tao allen wesen zur verfügung

ich trete zurück
bin weit voraus

gebe mein selbst auf
so bleibt es erhalten

nichts mein eigen
wird es vollendet

8

tao
wasser
natürlich
durchdringt alles
fördert unbemerkt leben

zutiefst ich selbst
weder vergleichend noch bewertend
im denken einfach
im umgang mit anderen präsent
im führungsstil voller vertrauen
handle ich zum richtigen zeitpunkt

9

fülle ich meine schale bis zum rand
wird sie überlaufen

schärfe dauernd mein messer
wird es stumpf

jage nach geld und sicherheit
wird mein herz sich niemals öffnen

ringe um den beifall der menschen
werde ich ihr gefangener

sein werk vollbringen
sich dann zurückziehen
tao

10

kann ich mich
von meinen herumirrenden gedanken befreien
im ursprünglichen einssein ruhen

meinen körper biegsam werden lassen
dass er einem grashalm im wind gleicht

meine innenschau klären
dass ich licht in mir sehe

menschen lieben und führen
ohne ihnen meinen willen aufzuzwingen

aufgaben bewältigen
indem ich ihnen freien lauf lasse

die identifikation mit meinen gedanken aufgeben
die dinge sehen wie sie sind

besitzen ohne zu besitzen
handeln ohne zu handeln
führen ohne zu führen

gebären und nähren
tao

11

viele speichen gehören zu einem rad
ton wird zu einem gefäß geformt
holz wird für ein haus gezimmert
durch die leere entsteht ein jedes

das was da ist
erscheint
durch das was nicht da ist

12

farben machen blind
klänge taub
gewürze stumpfen ab
begierde dörrt das herz aus
gedanken verwirren den geist

ich beobachte

vertraue meiner inneren kraft
lasse alles kommen und gehen
mein herz ist offen wie der himmel

13

erfolg beinhaltet misserfolg
hoffnung beinhaltet angst

steige ich die leiter hinauf oder hinunter
es bleibt wackelig

mit beiden beinen auf dem boden
erlange ich gleichgewicht

hoffnung und angst sind trugbilder
sie entstehen aus meinem selbstbild
haben keine substanz

erfahre ich selbstlosigkeit
verschwinden hoffnung und angst

vertraue ich der erfahrung des soseins
achte und liebe ich die welt als mein selbst

14

schau
es ist nicht zu sehen

horch
es ist nicht zu hören

greif
es ist nicht zu fassen

oben nicht hell
unten nicht dunkel

form die alle formen in sich einschließt
ein bildloses bild

ich gehe tao entgegen
sehe weder anfang

folge tao nach
noch ende

unergründlich
unvorstellbar
jenseits aller fantasie

tao endet niemals
kehrt ins nicht zurück

ich kann tao nicht kennen
nur sein

15

ich bin feinfühlig
geheimnisvoll
scharfsinnig
zu tiefgründig um verstanden zu werden
nur mein verhalten lässt sich beschreiben

vorsichtig
wie jemand der über einen gefrorenen bach geht

wachsam
wie ein tiger der den dschungel durchquert

zurückhaltend
wie ein gast

nachgiebig
wie blätter im wind

pur
wie unbehauenes holz

weit und tief
wie ein tal

klar und rein
wie wasser

wer sonst kann warten
regungslos verharren
bis der schlamm sich setzt
das wasser klar ist
die handlung sich von selbst ergibt

ich strebe nicht nach erfüllung
begehre nichts
neues kann mich nicht blenden
bin immer bereit
heiße alles willkommen

16

alles auf erden folgt dem selben lauf
ich beobachte seine wiederkehr

um leere zu erfahren
bewahre ich stille

jedes wesen im universum
kehrt zur quelle zurück

heimkehr zur quelle heißt
in die stille gehen

erkenntnis ist allumfassend
nichterkenntnis schafft verwirrung

im wunder tao versunken
kann ich alles bewältigen

kommt der tod
bin ich bereit

17

die besten führungskräfte sind die
von denen kaum jemand weiß
die nächst besten
die gehuldigt und geliebt werden
dann kommen jene
die gefürchtet und verachtet werden

wer vertraut
dem wird vertrauen entgegengebracht
wahre führungskräfte brauchen keine worte

ist ihr werk vollendet
die tat vollbracht
wird gesagt
es geschah in der nacht

18

lebe ich tao nicht
tauchen rechtschaffenheit und klugheit auf
moral und heuchelei folgen

leben familien nicht im einklang
verhalten sich die kinder pflichtbewusst

wenn das land im chaos versinkt
entsteht nationalismus

19

gebe ich heiligkeit und klugheit auf
schaffe moral und gesetze ab
wird es sich konstruktiv auswirken

verzichte ich auf besitzdenken
gewinnsucht
korruption
kriminalität verschwinden

ich bleibe in meiner mitte
lass allen dingen freien lauf

20

gib die kontrolle auf
deine ängste haben ein ende

besteht ein unterschied zwischen ja und nein
wie weit sind gut und böse
voneinander entfernt

fürchtest du dich
nur weil andere sich fürchten
schätzt du was andere schätzen

du bist aufgeregt
wie bei einer großen feier

ich bleibe still
unberührt
bin allein
wandere ziellos umher
habe kein zuhause mehr

du hast alles was du brauchst
bist hell und klar

ich besitze nichts
mein geist ist leer
trübe verhangen

du bist scharfsinnig und klug
ich bin langweilig und dumm
ich treibe dahin wie die wellen des meeres

du hast ein ziel
ich weiß von nichts
bin müßig wie ein taugenichts
und auch mich
nähren die brüste der großen mutter

21

tao
unbegreiflich
dunkel
unergründlich
birgt die keimkraft

keimkraft ist wirklichkeit
ihr inneres höchste gewissheit

tao
immer da
vor zeit und raum
jenseits von sein und nicht sein
birgt alle bilder und dinge

woher ich das weiß
ich schaue in mich hinein

22

bin ich halb
werde ich ganz

bin ich krumm
werde ich gerade

bin ich leer
werde ich voll

sterbe ich
werde ich leben

gebe ich alles hin
wird mir alles gegeben

so lebe ich tao
bin vorbild

stelle nichts zur schau
strahle

habe nichts zu beweisen
werde geachtet

rühme mich nicht
bekomme anerkennung

habe kein ziel
alles glückt

lebe ich tao
bin ich wahrhaft ich selbst

23

ich rede selten
höre den klang der welten

ein platzregen ist kurz
wolken ziehen schnell vorbei

ich öffne mich dem schmerz
bin eins mit ihm

öffne mich der einsicht
sinke in sie hinein

vertraue
finde alles vor
verkörpere tao

24

stehe ich auf zehenspitzen
stehe ich nicht sicher

eile voraus
komme nicht weit

versuche zu glänzen
stelle mein licht in den schatten

definiere mich selbst
erfahre nicht wer ich bin

habe macht über andere
kann mir keine geben

klammere mich an mein tun
erschaffe nichts von dauer

ich tue was zu tun ist
dann gehe ich

25

es gibt etwas chaotischer art
das vor himmel und erde ward
tonlos raumlos
unverändert auf sich gestellt
ich kann es ansehen als mutter der welt

kenne den namen nicht
sage tao damit es ein wort erhält

bemühe ich mich um beschreibung
sage ich groß
ewig strömend
zurückkehrend
unendlich weit

wie eine matroschka
enthält tao
universum
erde
mensch

der mensch folgt der erde
die erde dem universum
das universum tao

tao folgt tao

das schwere im leichten
die stille in der unruhe

wandere den ganzen tag
ohne aus dem haus zu gehen
herrliches vor augen
weile ich im allein sein

wozu herum sausen

lasse ich mich hin und her wehen
rastlos antreiben
verliere ich mich selbst

27

als reisender habe ich kein ziel
als künstler folge ich meiner intuition
als wissenschaftler halte ich meinen geist leer

ich bin offen
alles ist mir gleich bedeutend
bin schüler und lehrer zugleich

28

ich erkenne das weibliche
und männliche in mir
würdige mein inneres kind

erkenne mein licht
würdige das dunkle
sehe meine innere welt

entdecke das formlose
erfahre das unendliche
meine welt gestaltet sich in der leere

erkenne meine innere stärke
würdige meine schwäche
bin das tal der welt

tao verlässt mich nicht
wird mich führen
ich kehre zurück zur ursprünglichkeit

ich kenne die welt
halte mich an die leere
fülle jeden raum

29

glaube ich die welt zu verbessern
zerstöre ich sie
die welt ist vollkommen

halte ich sie fest
verliere ich sie

ich bleibe in meiner mitte
kontrolliere nichts
verändere nichts

30

ich lebe tao
erzwinge keine entscheidungen
besiege keine feinde

jede kraft beinhaltet gegenkraft
gewalt in guter absicht will beherrschen
ereignisse zu kontrollieren
richtet sich gegen tao

ich überzeuge niemanden
bin im frieden
brauche keinen beifall
akzeptiere mich
so akzeptiert mich die welt

erledige meine arbeit
und damit gut

31

ich folge tao
meide waffen

wünsche niemanden schaden
kenne keine mordlust
habe mitgefühl

benutze waffen in höchster not
freue mich nicht über den sieg

feinde sind menschen wie ich selbst
getrieben von angst

frieden ist mein höchstes ansinnen
ist dieser in gefahr
kann auch ich nicht zufrieden sein

32

tao
unbenannt
schlicht
unformbar

gelingt es
tao in einfachheit zu folgen
im richtigen moment inne zu halten
zu erkennen dass nichts von dauer ist
nehmen die dinge ihren natürlichen lauf

menschen leben in frieden
wenn es nicht ihr bestreben ist

himmel und erde verschmelzen
tropfen süßen taus fallen herab
fließen zurück in die heimat
in den ozean

33

bezwinge ich andere
erkenne ich meine unbezwingbarkeit nicht

fühle ich mich im mangel
erkenne ich die fülle nicht

erkenne ich mich nicht
erkenne ich den anderen nicht

ich weile in meinem zentrum
öffne mich dem tod im leben
erkenne meine unsterblichkeit

34

alles ist tao
alles geht daraus hervor
nichts wird daraus erschaffen

vollbringt aufgaben
hegt und pflegt
ist frei von verlangen
alle wesen wenden sich tao zu

erwartet keine anerkennung
will nicht beherrschen
der größe nicht bewusst
deshalb wahrhaft groß

35

spreche ich von tao
wird es eintönig und fade

schaue ich
sehe ich nicht
horche ich
höre ich nicht

lebe ich tao
ist es unerschöpflich

finde freiheit
auch im leiden der welt

36

großes liegt im kleinen
starkes im schwachen
erschaffen im aufgeben
geben im nehmen

das ist erkennen
es braucht keine lehre
nur ein vorbild

37

tao handelt nie
alles wird getan

lebe ich tao
finde darin meine mitte
wandelt sich die welt
gemäß ihrem natürlichen rhythmus

erscheint im prozess des wandels
erneut das begehren zu handeln
erinnere ich mich

schaue den baum
er ist frei von begehren

diese erkenntnis
bringt mich in einklang mit tao

38

ich bemühe mich nicht um macht
bin wahrhaft mächtig

du greifst nach macht
hast nie genug davon

ich tue nichts
nichts bleibt ungetan

du tust ständig irgendetwas
viel bleibt ungetan

ich handle
hab keinen grund dafür

der gerechte handelt
hat einen grund dafür

der moralist handelt
hört kein echo
krempelt die ärmel hoch
wendet gewalt an

tao ging verloren
tugend tauchte auf

tugend ging verloren
güte tauchte auf

güte ging verloren
gerechtigkeit tauchte auf

gerechtigkeit ging verloren
moral tauchte auf

ich vertraue
schaue nach innen
weile in fülle
lebe aus dem sein

39

vor dem anfang war tao

genährt vom atem tao
schreitet die evolution fort

mit dem urknall
wurde allem atem eingehaucht

die erde wurde fest
der himmel klar
das wasser rein
die täler blühten
die wesen wurden lebendig

die erde zerbricht
der himmel wird grau
das wasser trübe
die täler vertrocknen
die wesen sterben aus

der der tao lebt
beinhaltet alles

40

tao ist nicht

alles ist tao
bewegung und wiederkehr

41

als unbewusster mensch verlache ich tao
als bewusster folge ich tao und mal nicht

als erwachter lebe ich tao
scheine im dunkeln zu tappen
mich rückwärts zu bewegen
gehe vorwärts

der einfache weg scheint schwer
stärke schwach
form ohne gestalt
ton ohne klang
weisheit kindisch
reinheit befleckt
liebe kühl

tao scheint unsichtbar
ist alles

42

tao beinhaltet die eins
die eins die zwei
die zwei die drei
die drei die vielfalt
die vielfalt trägt die pole in sich

suche ich im außen
schlafe ich noch

fühle ich mich einsam
getrennt
habe ich das leben verpennt

ich sinke nach innen
bin wach
erkenne in allem harmonie
fließe ungehindert mit der lebensenergie

43

alles ist von nicht durchdrungen
flüssiges überwindet festes

ohne handeln
der dinge lauf lassend
handle ich
im nicht handeln

lehre ohne worte

44

in oder out
erhoffe ich erfüllung von außen

moped oder rolls royce
hängt mein glücklich sein
vom materiellen ab

jackpot oder börsencrash
fühle ich mich lebendig
durch das elixier der gier

erkenne ich in allem den schein
bleibt nur sein

45

alles in seiner vollkommenheit
scheint unvollkommen
doch ist alles unvollkommene vollkommen

die fülle scheint leer
doch gibt sie sich unendlich her

weisheit scheint unwissend
kunst kunstlos
klarheit als angriff

habe ich die unvollkommene
vollkommenheit erkannt
genieße ich die fülle
bin teil des sich formenden

im einklang mit tao
dient meine produktivkraft
friedlichen zwecken

bin ich nicht im einklang
dient sie der rüstung

angst wird geschürt
ein feindbild entsteht
verleitet zum angriff

ich durchschaue die illusion der angst
innerer frieden stellt sich ein

47

trete aus mir heraus
erfahre weniger

blicke in die ferne
erkenne weniger

häufe wissen an
weiß weniger

ohne vor die tür zu treten
erfahre ich

ohne aus dem fenster zu blicken
erkenne ich

ohne zu wissen
weiß ich

ohne zu handeln
vollende ich

48

studiere wissen
erlerne

praktiziere tao
verlerne

weniger tun
nichts bleibt ungetan

das leben nicht stören
nur sein

wahre meisterschaft

49

ich habe ein offenes herz
ohne meinung

was andere gut heißen
schätze ich
was andere nicht gut heißen
schätze ich

menschen die vertrauen
vertraue ich
menschen die nicht vertrauen
vertraue ich

herz und verstand
offener raum
lebe still
inmitten der welt

50

mein verstand kennt keine illusion
mein körper keinen widerstand

weder denke ich über mein handeln nach
noch halte ich mich vom leben zurück

ich kann jeden moment sterben
halte an nichts fest

lebe den augenblick

51

tao kreiert
natur ernährt
wesen formen
weisheit vollendet

ich folge tao
greife nicht in den naturverlauf ein
achte das so sein der dinge

kreieren ohne besitz
ernähren ohne dank
formen ohne manipulation
vollenden ohne macht

folge ich dem geplapper in meinem kopf
packt mich der wahnsinn beim schopf

bin ich in begierde gefangen
habe ich mich an den füßen aufgehangen

habe ich tao geschaut
habe ich mein selbst geklaut

identifikationen hören auf
stille spricht

verbundenheit mit allem
leben in licht

53

tao ist einfach und leicht
ich bin kompliziert und schwer

getrieben von angst
verlockt von gier
blind durch ignoranz und hochmut
treibe ich in verantwortungslosigkeit

konditioniert folge ich umwegen
fließe nicht mit tao

ich bringe bewusstheit
in jeden winkel meines seins
präsenz in mein handeln

bin vorbild
für kinder
freunde
gemeinschaft

das große ganze
erblüht

woher ich das weiß
ich schaue in mich hinein

55

ein neugeborenes
erzählt von tao

ein bündel purer energie
weich
biegsam
kraftvoll strampelnd
schreit aus vollem halse
ohne heiser zu werden
weiß nichts von sexualität
sein glied ersteift
in reiner unschuld

im einklang mit tao
handle ich aus dem bewusstsein
des ständig neu geborenen
meine lebenskraft
gleicht einem immer währenden feuer

56

sein oder schein

ich weiß
spreche nicht

ich spreche
weiß nicht

worte
gefühle
stimmungen
geschichten
sind wellen die kommen und gehen

ich bin der ozean
fließe mit tao

weder zuneigung noch abneigung
gewinn noch verlust
erfolg noch misserfolg
sind von bedeutung

hingabe passiert
im ewigen sein

57

führe ich krieg
brauche ich strategie und gewalt
regiere mit recht und kontrolle

verbote entheben der verantwortung
hilfsgelder schmälern die selbstachtung
gesetze schaffen gesetzesbrecher

lebe ich tao
führe ich menschen wahrhaft
frieden entsteht ohne waffen

ich mische mich nicht ein
handle im nicht handeln
bevorzuge die stille

die welle des glücks
entspringt dem tal des unglücks

das tal des unglücks
verbirgt sich in der welle des glücks

will ich andere glücklich machen
ist unglück schon in sicht

ich spreche klar und direkt
ohne zu verletzen

weise auf fehler hin
ohne recht zu haben

handle
ohne zu manipulieren

strahle
ohne zu blenden

59

führe ich menschen
braucht es einfachheit

in der einfachheit
fließe ich mit tao

fließe ich mit tao
bin ich ohne wünsche

ohne wünsche
bin ich hingebungsvoll wie die natur

in der hingabe
kann ich die dinge nehmen wie sie sind

kann ich die dinge nehmen wie sie sind
lebe ich tao

lebe ich tao
schaue ich die ewigkeit

60

ich leite menschen
als würde ich kleine fische braten
bin sacht
stochere nicht viel herum
führe sie im einklang mit tao

erkenne die dämonen
angst
gewalt
machtgier
fühle sie in meinem innern

leiste keinen widerstand
sie verlieren ihre wirkkraft
verschwinden von selbst

61

tao
stille
weiblich und männlich vereint

ein reiches land stellt sich unter ein armes
unterstützt und erkennt es an

ein armes land stellt sich unter ein reiches
findet im dienen anerkennung

sie dienen sich gegenseitig
keiner muss sich verteidigen

jedes land ist wie ein fruchtbarer boden
in dem alle flüsse zusammenfließen
jeder ist willkommen

62

tao
allumfassend
niemand fällt aus ihm heraus
bietet dem einen schutz
ist dem anderen schatz

63

ich handle nicht der handlung wegen
schmecke nicht des geschmackes wegen

entdecke großes im kleinen
einfaches in der fülle

begegne schwierigen situationen
mit präsenz

verspreche nichts
halte wort

folge meiner intuition
will nichts erreichen

eins mit tao

64

ein baum wächst aus einem samenkorn
eine reise beginnt mit dem ersten schritt

gebe ich acht auf das beginnen
wird mein werk gelingen

ich umhülle den keimling
ohne ziel und verlangen

in ruhe und achtsamkeit
entfaltet sich tao

65

wissen
macht
reichtum
sind äußere erscheinungen

ich vertraue der einfachheit
entdecke darin die fülle

bin vorbild
führe die menschen
im sinne tao

66

tao
wie das meer
empfänglich
jeden fluß aufnehmend

ich vertraue meiner inneren führung
in dieser ergebenheit
ziehe ich menschen an

sie fühlen sich gesehen
bleiben in ihrer verantwortung
entfalten ihr potential

67

tao folgen

ich sinke in mein innerstes
entdecke die drei schätze
präsenz
achtsamkeit
einfachheit

mit dem sein was gerade ist
es achten und würdigen
überlasse ich mich dem wunder

ich bin mir meiner
gefühle
empfindungen
stimmungen bewusst

kenne meine stärken
meine schwächen

bin bereit mich meinem gegenüber
mit allem was ist offen zu zeigen

ich verspüre keinen impuls
widerstände jeglicher art auf andere
zu projizieren
zu konkurrieren
ihnen meinen willen aufzuzwingen

geht es in meinem leben
um gewinnen und verlieren
um strategie und taktik
findet widerstand in mir statt

ich bleibe in einem konflikt präsent
fühle meine gefühle
höre und sehe mein gegenüber

wie ein aikidoka
der in seiner mitte bleibt
seinem gegenüber ausweicht
ihm die chance gibt einsicht zu erlangen

70

will ich tao logisch verstehen
gar philosophisch erhöhen

mit dem herzen gehört
mit dem herzen geschaut
ist tao leicht zu begreifen
leicht zu erleben

quelle allen seins
wie kann mein verstand tao je erfassen

71

glaube ich zu wissen
verhindere ich lebendigkeit und staunen
bin der illusion erlegen

ich weiß
dass ich nicht weiß
bin geheilt vom wahn des wissens

bin frei

72

habe ich mich selbst erkannt
handle ich in demut
führe andere mit klarheit
stärke ihr vertrauen

sie handeln aus verantwortung
innerer autorität
können mir ohne angst begegnen

so habe ich macht im sinne tao erlangt

73

habe ich den mut
meiner natur zu folgen
das leben zu lassen
ohne einzugreifen

habe ich den mut
ohne ziel
ohne etwas zu beweisen
ohne bedeutend zu sein
einfach nur als mensch zu leben

tao
verhält sich still
gibt antwort
handelt nicht
erschafft alles
bleibt bescheiden
ist groß
einfach
allumfassend

wie ein netz umhüllt es alles
weitmaschig
nichts geht verloren

der tod
teil des lebens

fürchte ich ihn
bin ich bereit über andere zu richten

die angst vor dem tod
führt zum töten

habe ich die angst überwunden
bin ich frei

75

will der eine immer mehr
bleibt die schale des anderen leer

benutzt der eine seine wut
verliert der andere seinen mut

der der so am leben hängt
dem tod nur verachtung schenkt

der der nicht am leben klebt
weiß wie er es gelassen lebt

der der das leben wenig stört
ist der der das leben wirklich hört

76

weich werden wir geboren

der mensch formt den menschen
mancher wird dabei hart

ist der mensch sanft
biegsam
fließt mit dem leben
bleibt er weich und lebendig

ist der mensch unbeugsam
kontrollierend
im wiederstand
wird er hart
ist schon tot im leben

der harte wird ewig suchen
der weiche ist schon da

77

übermaß und mangel
zeugen von unausgewogenheit

der gierige
nimmersatt
im übermaß oder im mangel
füttert er atemlos seine begierden

wer den bogen überspannt
schießt übers ziel hinaus

wer den bogen wenig spannt
schießt sich in den fuß

wer den bogen raus hat
ist trefflich im geiste

ich spanne meinen bogen so
dass jegliches wollen zurücktritt
mein höheres selbst gibt das ziel vor
ich ziele nach innen

pfeil und bogen
sind mittel
sich im inneren zu treffen

das ist taoart

weiches ist hart
schwaches stark

paradox scheinen wahre worte

nichts ist leichter
sanfter
unsichtbarer als luft
zu einem sturm entfacht
entwurzelt sie bäume
formt aus stillem wasser
flutwellen die alles wegschwemmen

ich bin
äußerlich weich
schwach
unscheinbar
innerlich hart
stark
präsent

79

werden verträge gebrochen
absprachen nicht eingehalten
verletzung entsteht
schuldzuweisung
groll
sind die folge

poch ich auf mein recht
nimmt das drama kein ende

ich erfülle meinen teil der abmachung
mache mich nicht abhängig
von denen die es nicht tun
ich kann sie nicht weise machen

ich schaue mein inneres Land

ist es groß
ist es klein

wie ist seine form
gibt es grenzen

ist es hell
ist es dunkel

sehe ich andere lebewesen
oder bin ich allein

fühle ich mich genährt
oder im mangel

ist dort frieden
oder aufruhr

welche gefühle entstehen in mir
wenn ich mein land schaue

kann ich mich mit allem was dort ist verbinden
oder entsteht in mir der wunsch zu flüchten

ich schaue mein inneres land
und habe mich erkannt

81

wahre worte sind direkt
klar
absichtslos

schöne worte sind indirekt
unklar
absichtsvoll

sie wollen schmeicheln
überzeugen
herausragen
stellen die eine meinung ins licht
die andere in den schatten

wahre worte sind nicht schön
schöne worte sind nicht wahr

nicht reden

tao leben

Das tao te king ist wahrscheinlich der am meisten übersetzte und interpretierte Text der Welt. Das ist insofern keine Überraschung, da die Möglichkeit der unterschiedlichen Interpretationen, durch die spezielle Struktur der chinesischen Sprache, schon vorgegeben ist.

das in worte gefasste tao ist nicht das wahre tao. So beginnt das tao te king und etwas später, in Vers 14 heißt es: *du kannst das tao nicht kennen aber es sein*.

Dennoch: *jedes kind bekommt einen namen um über es zu sprechen*. Und so wie jede Mutter und jeder Vater weiß, dass der Name nicht das Kind ist, denn das ist lebendig, unberechenbar und verändert sich ständig, so ist der hier vorliegende Text nicht das tao.

Während der Arbeit wurde uns immer wieder deutlich, dass das, was da eigentlich mitgeteilt werden möchte, nicht über den Verstand vermittelt werden kann. Weshalb das ganze tao te king konsequenterweise nur aus dem ersten Satz bestehen dürfte, oder noch radikaler, aus leeren Seiten.

Immer wieder führt uns der Verstand in die Bewertung, in die Unterscheidung, will uns sagen was richtig, falsch oder besser ist.

Laotses Texte sind oft paradox, dem Leben näher als der Logik oder der Vernunft: *schau und es ist nicht zu sehen – horch und es ist nicht zu hören*. Diese Worte wollen uns nicht sagen, wo es lang geht oder wie wir leben sollen, sondern wollen eher wachrütteln und provozieren: *gib das lernen auf und deine sorgen haben ein ende*.

Nicht reden
tao leben.

www.taoleben.de

Zeitfracht Medien GmbH
Ferdinand-Jühlke-Straße 7
99095 Erfurt, Deutschland
produktsicherheit@kolibri360.de